"Tudo o que é necessário saber para se compreender uma frase tão simples quanto: o gato está sobre o tapete."

LUDWIG WITTGENSTEIN

Ito Naga

TRADUÇÃO Véra Lucia dos Reis

FONTANAR

Eu sei que a alma muda
com a forma do corpo.

2   Eu sei que nossas ideias sobre
o mundo e os outros dependem
de nossa aparência física.

3   Eu sei que, sob o céu azul e o sol, este
campo esconde um mundo terrível.

4   Eu sei que é tentador ficar na
pele suave das aparências.

5   Eu sei que podemos estar totalmente
errados sobre a impressão que temos
de uma pessoa: pensar, por exemplo,
que ela é distante quando é distraída;
que é desconfiada quando é acanhada.

6   Eu sei que, na verdade, ela tinha
medo das viagens que fazíamos,
enquanto acreditávamos que ela não
gostava de nossa companhia.

7   Eu sei que tudo cresce nela, até mesmo
aquela chama de desafio que brilhava em
seus olhos quando ela tinha 7 anos.

8   Eu sei que ela confunde
desprezo com ironia.

9   Eu sei que a marca da ironia é
nunca sabermos se é ironia.

10 Eu sei que a ironia é uma atitude
de adulto, que uma criança precisa de
tempo para compreendê-la. Se na
escola um colega diz: "É claro que não;
eu não te empresto esta caneta!",
isso jamais pode significar: "Vai, pega!"

11 Eu sei que as crianças têm ímpetos de
vertigem diante da existência: "Você
preferiria ser cego ou não ter pernas?
Morrer de calor ou morrer de frio?..."

12 Eu sei que é preciso pensar duas
vezes antes de responder.

13 Eu sei que nem sempre
respondi a mesma coisa.

14 Eu sei que aquele inglês que me convidou
para as corridas de cavalos disse:
*You might hate me in a few years!**

15 Eu sei que ser desestabilizado por
uma palavra não é sinal de fraqueza,
mas de imaginação fértil.

16 Eu sei que com um pouco de recuo
qualquer palavra adquire uma
espantosa beleza. Qualquer - palavra
- adquire - uma - espantosa - beleza.

17 Eu sei que podemos representar exatamente o
inseto que desliza sobre a água na ponta das
patas sem nem por isso conhecer-lhe o nome.

18 Eu sei que achamos inacreditável que
Kaspar Hauser tenha chamado de "cavalo"
o primeiro ganso que viu. No entanto, é o
que acontece sempre que nos enganamos
sobre o nome de uma flor ou de uma árvore.

* Talvez você me deteste daqui a alguns anos!

19   Eu sei que a linguagem serve para
termos uma imagem do interlocutor;
acessoriamente, para exprimir ideias.

20   Eu sei que, ao exagerar o que
dizemos, também exageramos
o sentido das palavras dos outros
e, assim, a armadilha se fecha.

21   Eu sei que somos capazes de dizer
coisas terríveis tão facilmente que
chegamos a ter medo de nós mesmos.

22   Eu sei que mesmo sem prestar
muita atenção nisso,
alguma coisa em nós se lembra.

23   Eu sei que quando ele diz:
"Esse time de futebol tem mais
experiência nas grandes partidas",
ele está falando como um jornal.

24   Eu sei que frequentemente tomamos
emprestadas as palavras dos outros.

25 Eu sei que o mundo é como um
imenso eco, que as palavras se
repetem ao infinito como um jogo
de espelhos num palácio persa.

26 Eu sei que não sou o único
a dizer: "A descida é
mais difícil que a subida."

27 Eu sei que, ao inverter a ordem
das palavras, a língua inglesa
as torna mais sugestivas,
por exemplo: *atmospheric café*.

28 Eu sei que é estranho que,
numa frase, a ordem das
palavras seja tão importante.

29 Eu sei que, para explicar isso,
citava-se como exemplo,
num antigo manual: "Eu levo
sopa para meu pai que está
doente numa pequena vasilha."

30 Eu sei que a dificuldade de se
exprimir consiste antes de tudo em
encontrar um ângulo de ataque.

31 Eu sei que "O futuro nos pertence"
não significa a mesma coisa
que "Possuímos o futuro".

32 Eu sei que "seio" evoca outra
coisa que não "peito".

33 Eu sei que encontramos mais
facilmente o início do que o fim
de nossas frases, como se nos
atolássemos ouvindo-nos falar.

34 Eu sei que basta que digam
"Vá direto ao ponto!" para que
nos percamos nos detalhes.

35 Eu sei, ao ouvir sua explicação,
que ele não sabe o que significa
exatamente "astigmático",
mas que ele tenta se safar.

36 Eu sei que os cientistas
hesitam em dizer "Eu não sei".

37   Eu sei que eles são criticados por falta
de humildade se não o confessam,
e por ignorância, se o confessam.

38   Eu sei que os cientistas
não são os únicos a hesitar.

39   Eu sei que, se escrevo um texto
curto, dirão que é superficial;
se escrevo um texto longo,
que conto minha vida; se reajo,
que não tenho sangue-frio; se não
reajo, que me falta combatividade.

40   Eu sei que, com pessoas que
não gostam de você, a coisa é
bem mais simples, afinal.

41   Eu sei que sempre prometo
a mim mesmo que não vou
me descontrolar. Em vão.

42 Eu sei que, com pessoas de
quem não se gosta, não se gosta
nem do ar que elas deslocam.

43 Eu sei que o inverso também é
verdade: gosta-se do ar que as
pessoas de quem se gosta deslocam.

44 Eu sei que o ar une os homens quando
entra em seus pulmões, uns após outros.

45 Eu sei que ele tem sobre mim a
autoridade que outro tem sobre
ele, e assim por diante, como uma
tecedura que liga a sociedade.

46 Eu sei que, sentado num canto, de cara
amarrada, ele espera a primeira
oportunidade para ser desagradável.

47 Eu sei que, naquela noite, eu tinha
respostas prontas e estava preparado
para brigar com alguém, mas não
encontrei ninguém. Que pena!

48   Eu sei que em vez de dizer: "Seu cão
     late à noite e me impede de dormir.",
     ele começou dizendo: "Seria muito
     idiota brigar por causa de um cachorro."

49   Eu sei que eles não brigaram.

50   Eu sei que, assim que nasce,
     tudo já é velho, a começar pela
     imagem que tenho de você.

51   Eu sei que, se eu fosse aquela begônia,
     não suportaria o sol o dia inteiro.

52   Eu sei que a begônia não tem escolha
     e, já que não tem, produz brotos.

53   Eu sei que, se fosse uma
     árvore, o homem se cansaria
     de ser sacudido pelo vento.

54   Eu sei que as árvores mostram que
     estão felizes abrindo suas folhas.

55 Eu sei que, na pintura chinesa,
pintam-se inicialmente as
folhas e em seguida o tronco.

56 Eu sei que aquele chinês vê o
pássaro que pousou em sua casa
por acaso como o símbolo da
felicidade. Ele lhe cortou a metade
das asas para que não fugisse.

57 Eu sei que ficamos maravilhados em
compreender um chinês ou um indiano
quando começamos a falar em inglês.

58 Eu sei que depois de ter se excitado
no canto de um tapete, aquele
cão se acalmou. Será que ele
raciocinou e se achou idiota?

59 Eu sei que, na sala de espera
daquele doutor, um cego lia
um livro em braille e que, pelo
movimento de seus dedos, *viam-se* as
palavras penetrarem em sua mente.

60 "Eu sei que vou ganhar", disse ela
arranhando uma raspadinha no balcão.
"Não sei quando, mas sei que vou ganhar."

61 Eu sei que aquele sujeito compra
sistematicamente uma raspadinha,
e não vejo em que isso possa
alterar seu resultado.

62 "Eu sei! Eu sei! Me deixa em paz!"
– disse ela, batendo a porta.

63 "Eu sei que não se pode pensar
assim, mas é mais forte que eu!"

64 Eu sei que os jovens quase sentem ódio
pelas ideias coaguladas das pessoas
idosas. Questão de sobrevivência.

65 Eu sei que a voracidade dos jovens
tem algo de assustador.

66 Eu sei que as pessoas idosas dormem
um sono que não é nada reparador.

67   Eu sei que ele está morrendo,
     e eu não sei onde me sentar.

68   Eu sei que do mais profundo
     de sua letargia ele ainda diz:
     "Obrigado por ter vindo."

69   Eu sei que, ao acordar naquela
     noite, ela olhou por uns instantes
     pela janela e viu uma estrela
     cadente acima de Paris.

70   Eu sei que isso é um bom
     presságio na França, mas não
     obrigatoriamente em outro lugar.

71   Eu sei que, estranhamente,
     ele entrou em coma naquele dia.

72   Eu sei que, quando se tem
     um ataque cardíaco, cai-se;
     mas como a queda
     acontece exatamente?

73 Eu sei que a hipocondria consiste
em imaginar que se tem um monte
de doenças, que basta, por exemplo,
caminhar num hospital para pegar
legionelose. Mas como não estabelecer
relação entre as histórias que
ouvimos e as doenças que temos?

74 Eu sei que a hipocondria é antes um
sinal encorajador da atividade cerebral.

75 Eu sei que, mesmo que um médico se
engane no diagnóstico, continuamos
a nos perguntar se ele não teria razão.

76 Eu sei que pensei em comprar
uma grande caixa de fósforos
para a cozinha, embora estivesse
convencido de que iria esquecer.

77 Eu sei que tememos a perda da
memória, como se isso significasse
o início da própria perda,
a decomposição em marcha.

78 Eu sei que aquele velho senhor move-se
tão lentamente com sua bengala
que um dia inteiro não deve bastar
para suas necessidades cotidianas.

79 Eu sei que todas as vezes que vemos
alguém mancando, perguntamos:
"Qual é a perna ruim?", e que
nunca temos certeza da resposta.

80 Eu sei que aquele grupo de
moças em volta de um banco
lembrava um bando de pardais.

81 Eu sei que às vezes nos deleitamos ao
imaginar que as coisas e os seres não
existem mais quando não mais os vemos.

82 Eu sei que, na floresta, ela deixa
um pouco de seu piquenique para
os animais, e que a paz interior
começa com gestos simples assim.

83 Eu sei que ela come frutas estragadas.
Para não abandoná-las.

84 Eu sei que ela explicou a
paisagem por detrás da Gioconda
como uma representação de
seu mundo interior e dos
caminhos do conhecimento.

85 Eu sei que neste mundo há
efetivamente picos, vales, e coisas
que crescem como plantas.

86 Eu sei que, às vezes, sentimos
furtivamente o que pode significar
"ser luminoso" como dizemos,
por exemplo, de Jesus ou de Buda.

87 Eu sei que para se ficar ereto é
preciso imaginar que a cabeça
é puxada para cima por um fio.

✳

88 Eu sei que somos tentados
a ver sinais numa coincidência.

89 Eu sei que em certas tradições
acredita-se que a alma volta
quatro dias depois da morte e,
em seguida, mil dias depois.

90 Eu sei que às vezes passo debaixo
de uma escada. Só para ver.

91 Eu sei que, se hoje a gente vê
Alpha Centauri como ela era há
aproximadamente quatro anos,
raramente se pensa o inverso
(de lá, vê-se a Terra como ela era
há aproximadamente quatro anos).

92 Eu sei que a visão etnocêntrica
do mundo ainda tem
muitos dias pela frente.

93 Eu sei que, se vejo você, você pode
me ver; que os raios luminosos podem
tomar o mesmo caminho nos dois
sentidos. Por que isso seria tão óbvio?

94 Eu sei que, quando se é
criança, o infinito do céu e
das nuvens é uma imagem
que tem uma vida resistente.

95 Eu sei que é difícil imaginar o
Altíssimo metido no universo
enxovalhado que a física prediz.

96 Eu sei que apenas em sonho se
pode imaginar Deus bem pequeno
e varrido por uma ventania.

97 Eu sei que sempre se representa
o além como o cosmos. Por que
não como uma toca de coelho?

98 Eu sei que no vazio cósmico os
anjos não precisam de asas.
Não existe ar para que eles as usem.

99 Eu sei que um anjo sem asas
não é exatamente um anjo.

100 Eu sei que, quando voltam para
casa, até mesmo os astrônomos
esquecem que a Terra gira.

101 Eu sei que Albert Einstein mostrou
a língua pelo menos uma vez.

102 Eu sei que febre é agitação,
que o mundo existe excitando-se.

103 Eu sei que tudo parece confirmar a teoria
da evolução de Darwin, e que a seleção
natural está em curso, mas quando é que
uma mudança se operará nos coelhos,
há séculos semelhantes ao que são hoje?

104 Eu sei que a natureza é generosa
e não regateia. Prova disso é uma
árvore que crescia diretamente
de um rochedo naquela floresta.

105 Eu sei que em alguns rostos percebe-se
a origem do homem nos peixes. Alguma
coisa na forma dos olhos, ou da boca.

106 Eu sei que, naquele avião rumo à
Ásia Central, havia rostos que
eu jamais teria acreditado existir.

107 Eu sei que Tanizaki gostava que
os gatos balançassem a cauda
sem se mexer, como que dizendo:
"O que você faz me interessa, mas não
o bastante para que eu me desloque."

108 Eu sei que todas as vezes que
ele ouve o refrão "É apenas um
adeus", aquele pássaro se agita
na gaiola e se põe a cantar.

109 Eu sei que o esquilo vive sozinho, que
a doninha vive sozinha, que a trepadora
vive sozinha, que o açor vive muito
sozinho, que, de fato, muitos animais
vivem sozinhos. Que confusão é essa
que fazemos a respeito da solidão?

110 Eu sei que, numa manhã de verão,
dois pombos estavam lado a lado,
imóveis, em cima de um muro. Uma
tempestade acabou desalojando-os.

111 Eu sei que tentei ficar imóvel por tanto tempo
quanto eles e que não consegui.

112 Eu sei que, com as cores laranja do céu,
aquela tempestade sobre Paris
parecia desabar sobre a Terra primitiva.

113 Eu sei que as grandes cóleras nos
fatigam, e que uma vida permite, talvez,
apenas um número limitado delas.

114 Eu sei que, para recuperar a calma,
Soseki descrevia suas cóleras
em forma de haicais: toda a sua raiva
era resumida em 5+7+5 sílabas!

115 Eu sei que o mau humor não
resiste a uma situação de urgência.
O que prova sua vaidade.

116 Eu sei que, ao hibernar, os animais fogem
do céu cinza e das ideias que vêm junto.

117 Eu sei que, diferentemente dos seres
humanos, as árvores não se curam
de suas feridas. Elas as contornam
e vivem, assim, com buracos aqui e ali.

118 Eu sei que as fronteiras entre dois
ambientes são cheias de mistérios:
cidade e campo, atmosfera terrestre
e ambiente interplanetário,
agora e há pouco... A partir de
quando um se torna o outro?

119 Eu sei que se sua mão usasse um pouco
mais de força, não seria mais uma carícia.

120 Eu sei que, por pudor, ele não diz
"acariciar", mas "massagear".

121 Eu sei que as letras que empregamos
não permitem descrever todos os sons.
Então, como ter acesso aos outros?

122 Eu sei que existe um dicionário para
a língua falada em Tchoukotka.

123 Eu sei que falar uma segunda
língua é como ter uma porta
de saída atrás da própria casa.

124 Eu sei que frequentemente nos
interrogamos sobre nossas verdadeiras
competências, e que basta encontrar
uma para nos tranquilizarmos
um pouco. Por exemplo, poder
pegar no volante de um carro sem
arremetê-lo contra um muro.

125 Eu sei que, no Japão, não se oferecem
camélias: assim que a flor murcha,
ela cai de repente como que decapitada.

126 Eu sei que, em Nara, um comerciante
de objetos em papel machê esconde
debaixo da escrivaninha uma gaiola
cheia de insetos que fazem o ar
repercutir com uma suave vibração.

127 Eu sei que os insetos são tímidos.
Os daquele comerciante se
calam quando são descobertos.

128 Eu sei que em japonês "plágio"
se diz "segunda infusão"
(*niban senji*), que "esse gesto
me escapou" se diz "as cercanias
de minha mão enlouqueceram"
(*te moto ga kurutta*), que se descreve
algo importuno como "um caroço
por cima do olho" (*me no ue no
tankobu*), que essas imagens
são estranhamente eloquentes.

129 Eu sei que no Japão diz-se que
até mesmo um amor de cem anos
não resiste ao hálito de repolho
apimentado. Não porque afasta
a pessoa, mas porque a desperta!

130 Eu sei que o fascínio por *samurai*
vem também do fato de a palavra ser bela.

131 Eu sei que nos anos 50 os
guarda-chuvas eram tão caros no
Japão que só havia um por família.

132 Eu sei que Mishima dizia ter
deitado com esta época.

133 Eu sei que certa vez cheirei
uma flor chamada *mokusei*
e que me perguntei como me
lembraria de seu perfume.

134 Eu sei que você sabe que ele sabe
que nós sabemos que eles sabem.

135 Eu sei que, curiosamente, isso
tem um sentido, e que é possível
divertir-nos vendo até onde
compreendemos, como
que por cima de desfiladeiros.

136 Eu sei que isso não funciona
com todos os verbos.

137 Eu sei que o mesmo acontece com
as potências de 10. A partir de
quantos zeros não se vê mais nada?
100 000? 1 000 000? 10 000 000?

138 Eu sei que detesto ver os pombos se
afastarem diante de mim na rua,
que essa maneira que o homem tem de
ocupar todo o espaço é desesperadora.

139 Eu sei que, num zoológico inglês, um
tubarão morreu de pânico por causa do
mergulho de um sujeito no seu aquário.

140 Eu sei que o homem pode transformar
o mar em prisão e assim romper
até com o último dos sonhos.

141 Eu sei que, antes de ser o nome de um
país, "Vietnã" é o nome de uma guerra,
que antes de ser o nome de uma cidade,
"Hiroshima" é um nome do inferno.

142 Eu sei que a alga *Caulerpa taxifolia*
invade o fundo do Mediterrâneo
e não deixa nenhum espaço para as
outras espécies. Portanto, o homem
não é o único a se empenhar nisso.

143 Eu sei que essa frase de Pierre Hadot
não me sai da cabeça: "Rogatianus
era membro do Senado. Ele era
tão avançado em sua aversão
pela vida deste mundo que
renunciou a todos os seus bens."

144 Eu sei que a palavra "avançado"
dá a impressão de um processo
de maturação natural,
comparável à de um queijo.

145 Eu sei que o que há de mais estranho
num confessionário é falar baixinho.

146 Eu sei que na vida cotidiana
raramente se fala baixinho.

147   Eu sei que, no metrô, uma moça de olhos avermelhados interpelava um sujeito, gritando baixinho: "Você está gozando da minha cara?"

148   Eu sei que mesmo o indivíduo mais insensível tem, de repente, atitudes estranhamente infantis.

149   Eu sei que, para mostrar sua reprovação, aquele homem idoso dá de ombros como uma criança.

150   Eu sei que, no nosso íntimo, poucas coisas mudam.

151   Eu sei que somente a tecnologia progride verdadeiramente.

152   Eu sei que seria diariamente necessária uma pressão amistosa da morte para que ficássemos serenos e indiferentes.

153 Eu sei que, infelizmente, ela tem
a mão um pouco pesada.

154 Eu sei que gozar de boa saúde,
de certo modo, entorpece.

155 Eu sei que ela morreu de repente,
num domingo à tarde, como
outros ligariam a televisão.

156 Eu sei que, como nós, os animais
assistem à morte de seus semelhantes,
mas isso não parece emocioná-los.

157 Eu sei que ele envenenava a mulher
a fogo lento, derramando veneno
de rato em seu café, e que, no
entanto, ela não morreu disso.

158 Eu sei que, meio cega e paralisada,
ela continua vivendo, sabendo disso.

159 Eu sei que não podemos exigir que
alguém se lembre de alguma coisa.

160 Eu sei que, às vezes, não nos lembramos
mais de alguma coisa, mas
sei que aquilo nos surpreendeu.

161 Eu sei que não guardei o nome
do sujeito que escreveu: "Os chineses
caem da bicicleta sorrindo!"

162 Eu sei que ele logo dirá "não" ao que eu
lhe pedir, mas eu lhe peço assim mesmo.

163 Eu sei que ele sentirá prazer em
dizer "não" mais uma vez.

164 Eu sei que, com a ajuda de um manual,
aquela amiga russa calculou com
muita exatidão que ela tinha sido um
marinheiro japonês numa vida anterior.
E eu, uma sapateira portuguesa,
nascida por volta de 1750.

165 Eu sei que ela prometeu me dizer como
se faz esse cálculo, mas esqueceu.

166 Eu sei que, com o tempo,
as pessoas mortas se
tornam mais presentes e
que os fantasmas não
estão mais do lado de fora,
mas dentro de nós.

167 Eu sei que estava escrito à porta de uma
casa no sul da China: "Cinco noites de
frio se passaram desde que ele morreu."

168 Eu sei que aquele papel estava colado
ali havia muito mais de cinco dias.

169 Eu sei que, embora os chineses
sejam mais de um milhão, cada
novo rosto parece diferente.

170 Eu sei que, na Índia, não há insetos
esmagados nos para-brisas dos carros.
Eles não andam rápido o bastante.

171 Eu sei que, numa noite, num albergue,
um hindu disse: "Um guru é alguém que
lhe ensina muitas coisas, inclusive matar
um homem. Às vezes isso pode ser útil."

172 "Eu sei, porque aprendi com um
mestre, ou eu sei porque eu mesmo
descobri, são as duas únicas
possibilidades", dizia-se na Antiguidade.

173   Eu sei que, na Índia, no hall de uma
estação obscura, alguém perguntou
de repente: "Você acredita na vida
após a morte?" e logo acrescentou
"Isso você verá em Benares".

174   Eu sei que com todos esses nascimentos,
essas mortes, essas doenças,
esses acidentes e essas bombas, há,
cada vez mais, uma grande circulação
entre este mundo e o além.

175   Eu sei que, a cada instante, pelo
menos uma pessoa morre no mundo,
enquanto outra está em pleno êxtase
e que uma terceira faz compras.

176   Eu também sei que a cada instante,
boa parte da humanidade espera.
Por um amigo, uma carta, a noite, nada...

177   "Eu sei que criei um ser mortal",
diz simplesmente Anaxágoras
ao saber da morte do filho.

178 Eu sei que na entrada de um cemitério na Itália está escrito: "Nós éramos como vocês. Vocês serão como nós."

179 Eu sei que houve um momento de silêncio quando alguém disse: "Imaginem se descobrirem um continente inteiramente novo!"

180 Eu sei que, quando anoto uma decisão, as palavras já enfraquecem, e que será preciso que eu convença a mim mesmo novamente.

181 Eu sei que, mesmo que sejam idênticas, minhas próprias palavras me são menos significativas que as de um mestre.

182 Eu sei que as palavras que empregamos são habitadas por muitas pessoas.

183 Eu sei que quando nos perguntamos
se compreendemos bem uma
coisa, não sabemos mais o que
verdadeiramente significa compreender.

184 Eu sei que é preciso aceitar
não compreender exatamente
como se espera.

185 Eu sei que levei muito tempo para ver
que insultar o outro é antes de tudo
humilhar a si mesmo: pelo desprezo que
sentimos por nós mesmos mais tarde.

186 Eu sei que ela fala rápido e alto demais
para amar a si mesma de verdade.

187 Eu sei que sustentar seu olhar é
como uma queda de braço.

188 Eu sei que, com o cansaço,
o corpo fica parecendo uma mala
que temos de arrastar: do metrô
ao ônibus, de escada em escada.

189 Eu sei que, curiosamente, transportar o corpo para outros lugares do mundo o relaxa.

190 Eu sei que ficamos surpresos ao imaginar os rostos que nos cercariam em uma época mais antiga.

191 Eu sei que a ideia de que o ser humano é sozinho, entregue a si mesmo neste planeta, sem explicação ou regulamento, pode, em alguns momentos, se tornar tão vertiginosa que nossa cabeça começa a girar.

192 Eu sei que antes de desmaiar me agarrei ao olhar de um cão no metrô.

193 Eu sei que não desmaiei.

194 Eu sei que, ao contrário do que dizem, alguns cães sustentam o olhar.

195 Eu sei que alguns pensamentos
são como uma corrente elétrica
fortíssima à qual o cérebro
tem dificuldade em resistir.
Um simples fenômeno físico?

196 Eu sei que a sensação de vertigem é
incompreensível para quem jamais a sentiu.

197 Eu sei que falamos sobre
empatia, mas como isso acontece
exatamente? O que sentimos?

198 Eu sei que, na sensação de pânico,
a realidade se torna escorregadia
e deixa de oferecer ponto de apoio.

199 Eu sei que passamos muito tempo
tranquilizando-nos, que é preciso
que façamos isso sem cessar,
como vestir-se todas as manhãs.

200 Eu sei que quando duvidamos de
nós mesmos, na maioria das vezes,
escolhemos o caminho que leva
ao inferno. Por que quase sempre
o que pune, e nunca o que encoraja?

201 Eu sei que quando duvidamos,
duvidamos também que duvidamos.

202 Eu sei que, diante de uma pessoa
determinada, aquele que duvida
nunca leva vantagem: impossível
duvidar com determinação.

203 Eu sei que, às vezes, nos perguntamos:
"Será que eu não compreendi nada? Nada
do que eu penso do mundo está correto."

204 "Eu sei muito bem!", dizemos.

205 Eu sei que nos interrogamos com
angústia sobre quais seriam nossas
reações em caso de catástrofe.
Seríamos covardes ou heroicos?

206 Eu sei que, às vezes, atribuímos a
nós mesmos crenças contrárias às que
se tem. Só para ver e se pôr à prova.

207 Eu sei que, em certos momentos,
a cabeça esquenta como um motor.

208 Eu sei que a maceração
não faz bem às ideias.

209 Eu sei que infelizmente não podemos expulsar as ideias ruins como fazemos com uma má refeição.

210 Eu sei que evito dizer "ponto barra", pois não sei de que barra se trata.

211 Eu sei que os pingos nos is têm algo de alegre, mas que não é assim que se deve entender quando se diz: "Vou pôr os pingos nos is."

212 Eu sei que *Sílvia e Bruno* de Lewis Carroll trata-se de uma criança que conta carneiros e chega a 1.008: oito que ele contou de fato, mais 1.000, pois há muitos outros... Ou eram sete, e não oito?

213 Eu sei que semelhante lógica não encontra lugar na sociedade.

214 Eu sei que ser diferente é uma força.

215 Eu sei que, ao calcular uma superfície,
simplificamos as coisas já que há apenas
um número em vez de dois, mas que, ao
mesmo tempo, não podemos mais dizer se
a superfície é quadrada ou longitudinal.

216 Eu sei que o espaço de um quarto com
o sol ou com o barulho dos carros da rua
não tem nada a ver com seu volume real.

217 Eu sei que os cientistas envenenam o
mundo com a convicção que possuem
quando descrevem exatamente as coisas.

218 Eu sei que nos alegramos secretamente
por certas coisas resistirem à ciência,
por uma parte de mistério persistir.

219 Eu sei que não sabemos por que
as falanges dos dedos estalam.

220 Eu sei que a partir do momento em que
a ciência chega, é impossível retroceder.

✳

221 Eu sei que quatro tiras armados
com cassetete desceram
precipitadamente de um
carro e entraram num edifício
olhando para cima, mas não
sei o que aconteceu depois.

222 Eu sei que um sujeito de rosto
pálido corria, chorando, no corredor
do metrô, e que, após um instante,
uma mensagem no alto-falante
solicitava uma equipe de polícia.
Mas isso tinha alguma relação?

223 Eu sei que, naturalmente,
pensei que havia uma relação.

224 Eu sei que sempre penso:
"Não há dois sem três."

225 Eu sei que a melodia dos sinos de
uma igreja vem, simplesmente,
de seu progressivo deslocamento.

226 Eu sei que quando compramos um
carro adquirimos um meio de transporte
e também um pedaço de espaço.

227 Eu sei que um engarrafamento na
autoestrada são edifícios das
cidades projetados na horizontal.

228 Eu sei que basta que a lua esteja um pouco
redonda para que todos acreditem que são
geômetras: "Falta pouco para a lua cheia."

229 Eu sei que esse calor que me acaricia o
rosto formou-se no fundo do sol e viajou
vários minutos no cosmos até me tocar.

230 Eu sei que o cosmos não tem cheiro.

231 Eu sei que a irrealidade está no limiar
da porta, que basta ficarmos sozinho no
quarto por alguns dias para que ela
irrompa e a vida cotidiana perca o sentido.

232 Eu sei que sempre prometo a mim
mesmo tornar-me, um dia, vegetariano.

233 Eu sei que estava escrito numa
sala de aula: "Depois de ter sido
distendido por uma nova ideia, o
cérebro não volta à sua forma inicial."
Isso funciona com os conhecimentos;
e funciona também com as angústias.

234 Eu sei que, para muitos,
louco = Antonin Artaud; apenas para
mim, louco = perfil percebido
quando eu era criança, numa cozinha
escura na casa dos Ménard.

235 Eu sei que ter um número de telefone e
o nome numa caixa de correio nos
tranquiliza quanto à própria existência.

236 Eu sei que, se eu fosse carteiro,
não conseguiria deixar
de ler os cartões-postais.

237 Eu sei que essa notícia vai lhe provocar emoção.

238   Eu sei que a observo enquanto
      transmito a notícia para ela.

239   Eu sei que ela veio se sentar ao meu
      lado como se esperasse alguma coisa.

240   Eu sei que, em sua profissão de
      anestesista, ele diz não ter necessidade
      de falar para se fazer entender.

241   Eu sei que ele dá a impressão de
      acreditar nisso, mas como é possível?

242   Eu sei que eles tiveram de
      juntar várias pessoas para fazer
      um cara de 125 quilos dormir.

243   Eu sei que algumas pessoas
      podem adivinhar tudo quanto
      é tipo de coisa: nomes,
      signos astrológicos, encontros...

244 Eu sei, às vezes, pela escolha
das palavras utilizadas num artigo,
se foi um jornalista ou uma
jornalista que o escreveu.

245 Eu sei que ela pode adivinhar
se o diretor de um filme é
um homem ou uma mulher.

246 Eu sei que, de vez em quando,
no metrô, as pessoas lhe dirigem
a palavra, e que isso quase
nunca acontece comigo.

247 Eu sei que, depois de tê-los ouvido
durante cinco bons minutos,
fui incapaz de dizer sobre o que
eles falavam de tão genéricas eram
as palavras que eles utilizavam.

248 Eu sei que aquele cara disse ter
encontrado o apartamento de outro
num estado de "Deixa rolar!".

249 Eu sei que sentimos um prazer
sutil quando chegamos à
plataforma junto com o metrô.

250 Eu sei que, embora irritado,
fiquei perturbado com o rosto daquele
sujeito que fumava no vagão.

251 Eu sei que a demência de
Nietzsche teve início em Turim,
diante de um cavalo espancado.

252 Eu sei que acabamos nos perguntando:
"Pra que ser sensível?"

253 Eu sei que, numa livraria, uma
senhorinha me pediu para pegar numa
prateleira um livro intitulado *Afirme-se!*

254 Eu sei que, embora seja sinal de polidez,
tratar alguém por senhor é extremamente
doce ao ouvido.

255 Eu sei que, apesar de sua idade
avançada, algumas coisas ainda
o enervam do mesmo modo.

256 Eu sei que suas reações
são tão previsíveis que
chegam a ser inquietantes.

257 Eu sei que ele prefere os cães aos
gatos. Talvez exatamente por causa
da previsibilidade de suas reações.

258 Eu sei como a conversa com ele
pode derrapar, sei as repostas que
é preciso dar para que tudo fique
bem, e os outros também.

259 Eu sei que depois de ter arrumado
cuidadosamente os recortes de jornal
em envelopes plásticos, ela os lê e,
em seguida, os põe amassados na lixeira.

260 Eu sei que ela faz muitos gestos e
despende uma energia incrível apenas
para tirar um lenço do bolso.

261 Eu sei que todos se desejam "Bom dia":
o porteiro, o vendedor de jornais,
o garçom do bistrô... e que é impossível
saber o que ela seria sem isso.
Seria possível que ela fosse menos boa?

262 Eu sei que cada dia traz sua cota
de decisões a serem tomadas,
e que, felizmente, não pensamos
nisso de manhã ao levantar.

263 Eu sei que naquela manhã tudo me
pareceu estranho, até o pincel de barbear.

264 Eu sei que o garçom no balcão do bistrô
sente um prazer perverso em me
cumprimentar com as mãos molhadas.

265 Eu sei que às vezes eu escapo,
cumprimentando-o de longe.

266 Eu sei que dois sujeitos no bistrô
falavam uma língua que eu ainda
não tinha ouvido. Nenhuma pista,
nenhum som no qual se agarrar.

267 "Eu sei que, há 35 anos, minhas mãos
trabalham, mas meu cérebro está
em pane!" – diz ele apoiado ao balcão.

268 Eu sei que o vendedor de jornais
tinha posto um cartaz na banca:
"Greve geral", e que no dia
seguinte ele estava trabalhando.

269 Eu sei que há algo estranho no modo
como esse sujeito diz bom-dia,
como se estivesse a 10 metros do outro.

270 Eu sei que a vizinha fala
sempre como se latisse.

271 Eu sei que, olhando ligeiramente de lado,
ela vigia a pessoa que caminha atrás dela.

272 Eu sei que percebemos
quando somos olhados.

273 Eu sei que acontece de não se
olhar o outro, simplesmente para
evitar vê-lo desviar os olhos.

274 Eu sei que o nome Sílvia se impõe a
mim todas as vezes que a vejo, embora
ela se chame Sofia. Ou é o inverso?

275 Eu sei que às vezes me apresso
em direção à caixa de correio
para inserir minha correspondência
e assim fazer algo irreversível.

276 Eu sei que nunca peguei o trem que
parte à direita para Bourg-la-Reine, e que
essa curva guarda todo o seu mistério.

277 Eu sei que em La Gravelle existe
uma loja de artigos de pesca que
se chama "Galáxia Pesca".

278 Eu sei, pela padeira, que Robert não
pode subir acima de 1.000 metros
de altitude. Felizmente, a pessoa que eles
vão visitar mora apenas a 600 metros.

279 "Eu sei que o cuco chegará a 8 de abril
e partirá a 14 de julho" – disse
com segurança aquele velho homem.

280 Eu sei que frequentemente
ele diz: "É assim!"

281 Eu sei que, por mais pesado que
possa parecer, há nisso um fundo
de verdade. É mais que uma
atitude resignada, é uma espécie
de "é-assim-tude" das coisas.

282 Eu sei que há um prazer quase infantil
em inventar palavras, mas que,
com a idade, isso parece ridículo.

283 Eu sei que, naquela noite de
inverno no campo, uma vaca não
parava de mugir a duas vozes
como se sentisse prazer nisso.

284 Eu sei que o homem não pode
cantar sozinho a duas vozes.

285 Eu sei que, quando muito jovem,
encontra-se prazer em estar
acompanhado, cantando a duas vozes.

286 Eu sei que é uma sensação estranha
dizer a alguém "Posso filar?",
para lhe pedir um cigarro.

287 Eu sei que, de tanto ler nas entrelinhas,
muitas vezes não lemos
absolutamente mais nada.

288 Eu sei que ao dizer "Você entende o que
eu quero dizer?", ninguém compreendeu
nada, mas todos se sentem cúmplices.

289 Eu sei que compreender por
meias-palavras ou fazer leitura dinâmica
é tudo, exceto compreender ou ler.

290 Eu sei que, antigamente,
pontuavam-se as frases com "não é?".

291 Eu sei que, atualmente, com
exceção de alguns estrangeiros que
aprendem estudiosamente o
francês, não se diz mais "não é?",
como se só houvesse certezas.

292 Eu sei que podemos ver tudo como
trapaça e pensar, por exemplo,
que Wagner, em suas óperas, faz
os sopranos cantarem durante
45 minutos simplesmente para se
distinguir dos outros compositores.

293 Eu sei que só temos germes de
ideias, que raramente encontramos
tempo de fazê-las crescer.

294 Eu sei que jamais me sentei a
uma mesa, perguntando-me:
"Será que eu creio em Deus?",
para, em seguida, examinar o
resultado de minhas cogitações.
Quando é que pensamos, exatamente?

295 Eu sei que quando lhe perguntei
"Quando é que você pensa,
exatamente?", ele se sentiu ofendido.

296 Eu sei que "Acho que" raramente
traduz uma convicção profunda,
ou uma real experiência do corpo.

297 Eu sei que dizemos "Eu acho
que" com mais frequência
do que o necessário.

298 Eu sei que se exige que tenhamos
opinião sobre tudo, quando
não temos uma sobre quase nada.

299 Eu sei que ter uma opinião
permite que o outro tenha um
ponto de apoio, como se
estivesse fazendo uma escalada.

300 Eu sei que repetir "Se assim
lhe parece" numa conversa
não é muito convincente.

301 Eu sei que alguns empregam
as palavras com extremo rigor;
outros, com muita futilidade.

302 Eu sei que as palavras de alguns
são como chaves de jiu-jítsu: a
imobilização do pensamento do outro.

303 Eu sei que há momentos numa conversa
em que é melhor não se mover mais.

304 Eu sei que acontece algo que
se parece com *pensar* quando se
escuta o outro. É o que resulta
naquele olhar de peixe morto.

305 Eu sei que alguns replicam vivamente,
mas como fazem para, ao mesmo
tempo, ouvir e preparar uma resposta?

306 Eu sei que, desde a Índia antiga,
budistas e hinduístas preparavam
estoques de argumentos para
avaliarem uns aos outros.

307 Eu sei que, no século VII, o príncipe japonês Shotoku Taishi podia responder a várias perguntas ao mesmo tempo.

308 Eu sei que, na natureza, animais e pássaros falam todos ao mesmo tempo.

309 Eu sei que, da mesma forma que cuidamos da alimentação do corpo, seria necessário nos preocuparmos constantemente com o que o espírito consome.

310 Eu sei que tememos nos aviltar quando ouvimos determinadas pessoas.

311 Eu sei que imagens benignas podem nos assombrar por muito tempo, como aquele corvo estropiado depois da tempestade.

312 Eu sei que o pensamento é, por vezes, como uma enchente, e que então podemos sentir quando nos tornamos gagos.

313   Eu sei que o que chamamos de
espírito vivo é, na verdade, um
espírito lento, que demora a decompor
as coisas para melhor dominá-las.

314   Eu sei que psicologia e outras
ciências cognitivas são uma tentativa
de pensar em ritmo lento.

315   Eu sei que alguns italianos falam
tão rápido que nos perguntamos
quando é que encontram
tempo para pensar em tudo aquilo.
Não há o menor intervalo.

316   Eu sei que abusamos dos
ditados "O que se concebe
bem se enuncia claramente".

317   Eu sei que o enunciado
inverso, que seria "O que se
enuncia confusamente é malconcebido",
não é correto.

318 Eu sei que, enfeitiçados pelas palavras, confundimos eloquência com inteligência.

319 Eu sei que, curiosamente, inúmeros fenômenos da natureza aparecem como resultado de um hábil raciocínio: a luz que toma o caminho mais curto, a água que contorna um obstáculo...

320 Eu sei que, assim, inúmeros fenômenos da natureza parecem dotados de inteligência.

321 Eu sei que, quando olhamos de perto, não vemos com muita clareza o que há de tão particular na inteligência humana.

322 Eu sei que, quando vi aquele filme, eu tinha visto as mesmas imagens havia muito tempo, com olhos de criança.

323 Eu sei que elas devem ter
deixado marcas, mas quais?

324 Eu sei que todos saíram um dia
do ventre de uma mulher, e que
isso parece simplesmente incrível.

325 Eu sei que aquela sensação para
sempre excluída foi, contudo,
experimentada por meu corpo.

326 Eu sei que, consequentemente,
o nascimento se situa
como que fora da vida.

327 Eu sei que, se pudéssemos voltar
no tempo, o nascimento seria
tão terrível quanto a morte.

328 Eu sei que tento achar o
choro dos bebês interessante,
mas nunca consigo.

329 Eu sei que, quando era criança, fui
atropelado por um carro e que continuo
sem compreender: ainda o vejo fazer
a curva na extremidade da rua; eu
tinha bastante tempo para atravessar!

330 Eu sei que eu ria amarelo na
frente do dentista e que não
conseguia apagar aquele riso.

331 Eu sei que o riso amarelo
provoca compaixão, ou crueldade.
Um risco a se assumir.

332 Eu sei que aquela mulher não muito
bonita era apelidada de "Mongolita"
quando ainda estava na escola, e
que, durante toda a sua vida, ela
procura esquecer isso, ávida por
inteligência nela mesma e nos outros.

333 Eu sei que aquela outra mulher tinha o
apelido de "Bicicleta" quando era criança.

334 Eu sei que ela ainda tem a mesma energia.

335 Eu sei que ver a faxineira limpar
meu escritório, ou o sapateiro
consertar meus sapatos, me relaxa.

336 Eu sei que, sabendo que eu estava
bem no meio dos frequentadores
assíduos, o conferencista me olhava
pelo canto do olho para ver se eu
me preparava para contradizê-lo.

337 Eu sei que eu me interessava
especialmente por seus
gestos e por suas meias.

338 Eu sei que se vigiam os sinais
de impaciência numa conversa.

339 Eu sei que, ao contrário do
que se imagina, tudo se vê
em nossos comportamentos.

340   Eu sei que, com a idade,
      vê-se tudo cada vez melhor.

341   Eu sei que, naquela reunião, um homem
      bem-vestido, de terno completo,
      tinha dois grandes furos nas solas.

342   Eu sei que aquele pedaço de tecido
      que os homens exibem no peito
      para serem elegantes é ridículo.

343   Eu sei que experimentamos duas vezes
      antes de se escolher uma gravata.

344   Eu sei que, diferentemente da impressão
      que dão, as pessoas adultas podem
      esconder uma extrema vulnerabilidade.

345   Eu sei que as pessoas pequenas são
      com frequência mais agitadas, como
      se as conexões de seus corpos fossem
      mais próximas umas das outras.

346 Eu sei que, no circo, nunca vemos acrobatas de grande estatura.

347 Eu sei que é estranho ver o verdadeiro rosto do palhaço branco.

348 Eu sei que, em alguns postos de fronteira na Europa Central, existem barbeiros e cabeleireiros para fazer com que os viajantes se pareçam com a foto da identidade.

349 Eu sei que para mentir bem é preciso uma memória de elefante.

350 Eu sei que, diante de uma incongruência, o cérebro emite uma onda chamada "N400".

351 Eu sei que o mundo deve estar saturado de onda N400.

352 Eu sei que, quando lhe telefonei
bem no meio do dia, aquela pessoa
estava na cama com alguém.

353 Eu sei que falávamos ao telefone
como se nada estivesse acontecendo,
mas ninguém se iludia.

354 Eu sei que, com a idade, tornamo-nos
mais avarentos da utilidade dos
gestos e dos comprometimentos.

355 Eu sei que ele parece sempre
encolerizado, mesmo quando sorri.

356 Eu sei que ela disse: "A partir de certa
idade, não fazemos mais amigos", e que
eu sempre me pergunto se ela tem razão.

357 Eu sei que ele diz que foge
dos jornalistas, mas que se
deixa alcançar nas escadas.

358 Eu sei que, quaisquer que sejam
as aparências, há uma coerência
secreta em nossas ações.

359 Eu sei que, no entanto, continuamos
temendo não ser coerentes
com nós mesmos e, assim,
perder nosso próprio rastro.

360 Eu sei que cometemos erros na
interpretação de atos passados,
como se faria com textos antigos.

361 Eu sei que dizemos "dispersar-se" como se
pedaços de si fossem projetados aqui e ali.

362 Eu sei que há um curso subterrâneo
das coisas, que se devia encontrar
nele uma aparência de consolo.

363 Eu sei que, no Oriente, pensam
que são os acontecimentos que
nos escolhem, e que isso nos deixa
desamparados: agir sem agir, agindo.

364 Eu sei que é preciso procurar
na paixão a origem da
insônia: um ardente desejo
de ser, sem conseguir.

365 Eu sei que a insônia traz sua cota
de vertigens, que é preciso acalmar-se
antes de dormir para se ter algo
em que se agarrar quando se acorda.

366 Eu sei que, quando acordamos
um pouco antes da aurora,
as coisas passadas e por vir
parecem intransponíveis.

367 Eu sei que, nos hospitais, as pessoas
morrem muitas vezes antes da aurora.

368 Eu sei que, para me lembrar de
várias coisas, agrupo palavras-chave
associadas a cada uma delas, o que,
para as três frases precedentes,
resulta em: a vertigem intransponível
morre antes da aurora.

369 Eu sei que, a partir de certa
hora, é preciso parar de pensar,
mas que não conseguimos, e que
é preciso arcar com isso.

370 Eu sei que ele readormece facilmente,
mas como ele consegue? O que
ele faz, ou antes, o que não faz?

371 Eu sei que ele tenta ver o momento em
que adormece, sem jamais conseguir.

372 Eu sei que às vezes gostaria de
ver meus pés de outro ângulo.

373 Eu sei que, desde que nasci,
estas mãos me guiaram no mundo:
segurar um corrimão, empurrar
uma porta, acender a luz...

374 Eu sei que, ao ver aquele sobretudo
na entrada da casa, pensei que havia
alguém que eu não conhecia.

375 Eu sei que, como todos, ela faz um pedido
quando vê uma estrela cadente e que
ela deseja que não haja nada a desejar.

376   Eu sei que é preciso acreditar nas
      fadas. Nas boas e nas não tão boas.

377   Eu sei que é sempre preciso ter
      um desejo de reserva, por precaução.

378   Eu sei que, por uma curiosa
      ilusão de ótica, dez dias por
      vir parecem bem mais longos
      que dez dias passados.

379   Eu sei que, por ela ser estrangeira
      na França, algumas paisagens da
      Normandia lembra-lhe a América,
      ou a Alemanha. A mim, nunca.

380   Eu sei que existe o país
      de origem, e todos os outros.

381   Eu sei que os estrangeiros pensam
      que os franceses sabem um
      monte de coisas sobre vinhos.

382   Eu sei que, geralmente,
os americanos têm a voz grave.

383   Eu sei que bastam um ou dois seres
para que não afundemos na
rejeição de outro mundo; um amigo
americano, um mestre chinês...

384   Eu sei que, muitas vezes, representa-se
o mundo a partir do lugar em
que se está: vistas da França,
as coisas na Noruega estão viradas
para o Norte, e na Itália, para o Sul.

385   Eu sei que, assim, vista da
França, a Itália toda é o país
do Sol do Meio-Dia, assim como
o Japão, o do Sol Nascente.

386   Eu sei que há uma orientação
das representações mentais,
pontos cardeais que o cérebro
explora como um compasso.

387 Eu sei que, quando é meio-dia no
hemisfério sul, o sol está ao norte.

388 Eu sei que os argentinos descem
para o norte para procurar o sol.

389 Eu sei que o tira que vigiava a
praia lotada disse: "As crianças
que se perdem caminham
sempre na direção do sol."

390 Eu sei que ela caminhou
na direção do sol.

391 Eu sei que a planta de uma casa
não permite vê-la realmente, mas
apenas apreciar o que ela contém.

392 Eu sei que preciso percorrer um
lugar para vê-lo realmente.

393 Eu sei que, quando volto de Delfos,
o templo de Apolo que acabo de ver ainda
não suplantou aquele que eu imaginava.

394 Eu sei que, durante algum tempo,
posso passar da imagem sonhada
à imagem vivida e vice-versa.

395 Eu sei que no instante em
que as pálpebras se fecham,
os olhos continuam a ver.

396 Eu sei que é necessário se
reabituar à proximidade das
coisas quando se abre os olhos.

397 Eu sei que depois de ter
sonhado com uma perda
de voz, eu acordei rouco.

398 Eu sei que é tentador ver nisso
um efeito de magia do sonho,
embora, na realidade,
fosse o inverso (sonhei isso
porque estava enrouquecendo).

399 Eu sei que alguns sonhos são
tão poderosos que não sabemos
mais se aconteceram na véspera,
ou vários dias antes.

400 Eu sei que não vemos do mesmo
modo uma estação de metrô quando
entramos e quando saímos dela,
se chegamos por um lado, ou por outro.

401 Eu sei que nos tranquilizamos
quando um lugar recupera
uma orientação conhecida.

402 Eu sei que, de tanto falar de hemisfério
direito e de hemisfério esquerdo
do cérebro, acabamos sentindo-os.

403 Eu sei que existem rostos
nitidamente assimétricos.

404 Eu sei que há uma sensação de
constrangimento associada a
essa ideia, mas de onde ela vem?

405 Eu sei que, no instante em que
ele diz essas palavras, elas
me ferem, e que eu vou me lembrar.
Como um tecido estampado,
ou um papel fotográfico.

406 Eu sei que a superfície da água
esconde um mundo paralelo.

407 Eu sei que, durante alguns instantes,
eu me preocupei com o que iria
acontecer com aquele peixe que
se remexia fora da água nas grandes
folhas de flor de lótus... Plof!

408 Eu sei que havia uma centopeia
na superfície da água, e que
ela não tinha nada o que fazer lá.
Será que ela estava necessariamente
se afogando, ou se tratava de
um fenômeno que eu não conheço?

409 Eu sei que frequentemente experimentamos
mais sentimentos do que o necessário.

410 Eu sei que quando uma aranha
correu pelo meu braço, este
imediatamente me pareceu estranho.

411 Eu sei que havia um peixe no limiar
da porta. Caído do bico de uma garça?

412 Eu sei que, com os cantos da boca
puxados para baixo, os peixes parecem
estar sempre de cara amarrada.

413 Eu sei que, nessa noite, ao acordar,
fui incapaz, durante alguns minutos,
de me lembrar do lugar em que eu
estava: uma sensação de liberdade que
se dissipou como um dourado-do-mar
que perde as cores ao sair da água.

414 Eu sei que, no mundo do sonho,
a realidade é estranha. Por essa razão,
à noite, suamos frio ao pensar no dia.

415   Eu sei que ela não acende a luz quando
      acorda à noite. Prefere o ambiente
      do neon da concessionária em frente.

416   Eu sei que ela dormiu mal na outra
      noite. O brilho da lua era forte demais.

417   Eu sei que ela gosta da
      palavra "crepúsculo".

418   Eu sei que uma pessoa adormecida se
      parece com uma constelação: o braço
      da Ursa Maior, o requebro de Órion...

419   Eu sei que, vista de costas, o charme
      daquela mulher oriental se deve ao fato
      de seus cabelos negros brilharem um
      pouco mais que os da moça ao seu lado.

420   Eu sei que não nos contentamos em
      apenas contemplar a beleza, que sentimos
      uma irresistível vontade de agir.

421   Eu sei que, sob o sol, o Mediterrâneo
era azul demais, e os ciprestes
majestosos demais para que eu
fosse completamente feliz.

422   Eu sei que foi preciso esperar para concluir
essa frase. Esperar que as palavras
chegassem à superfície, como bolhas de ar.

423   Eu sei que gosto de seu modo
de não dizer nada.

424   Eu sei que sua força consiste em não reagir.

425   Eu sei que a cada instante o olhar e o
pensamento procuram pousar sobre
alguma coisa, como fariam as moscas.

426   Eu sei que eu gostaria de afastar
alguns pensamentos com um tapa.

427   Eu sei que eu sei pelo menos 426 coisas.

❋

428 Eu sei que ela andava falando
sozinha e que começou a rir:
"Eu estou falando sozinha!"

429 Eu sei que dizemos "A gente se vê",
mas nunca "A gente se ouve".

430 Eu sei que é difícil responder exatamente
às necessidades de cada um, como
prova aquele gato que levava camundongos
mortos para o dono doente.

431 Eu sei que, como um gato, ela não
escolhe os caminhos mais curtos.

432 Eu sei que, como um gato, ele pode
subir uma escada sem fazer barulho.

433 Eu sei que, um dia, encontraram-no no
celeiro, quando já não esperavam mais.

434 Eu sei que algumas pessoas podem
passar horas olhando para o teto,
à procura de formas, olhos, rostos...

435 Eu sei que, com a idade, acostuma-se
com a ideia de que nada dura,
que se chega mesmo a desejar isso.

436 Eu sei que algumas pessoas agarram-se aos
filhos como única chance de sobrevivência.

437 Eu sei que os filhos logo desejam a
liberdade. Acreditamos que são tímidos
quando, na verdade, se sentem ameaçados.

438 Eu sei que, com apetite por tudo, os
bebês gostam de se inclinar para a frente
no carrinho, com os braços abertos.

439 Eu sei que as crianças nunca se sentam
inteiramente no fundo de uma poltrona.

440 Eu sei que as crianças acreditam que o
ônibus e o metrô param só para elas.

441 Eu sei que é espantoso que
esses vincos do rosto que
se chamam "sorriso" bastem
para tranquilizar o outro.

442 Eu sei que a virilidade
faz bastante mal ao mundo.
A certeza também.

443 Eu sei que ela dá um bonito sorriso
quando nos encontramos por acaso.

444 Eu sei que depois da neve no
interior, os campos cor de terra
parecem bem embaçados.

445 Eu sei que sempre desejamos
retardar o momento de
abandonar aquela brancura.

446 Eu sei que, apesar da noite a 9 mil
metros abaixo do avião, há marés:
a lua cheia ali se reflete em intervalos.

447 Eu sei que, ao sobrevoar um
mar de nuvens, tem-se dificuldade
em imaginar que amanhã ou
depois tudo possa ser varrido.

448 Eu sei que no céu azul havia marcas
de avião que pareciam zíperes.

449 Eu sei que os inuítes veem as
auroras boreais como fendas que
deixam filtrar a luz do além.

450 Eu sei que "azul-celeste"
não é o azul do céu.

451 Eu sei que a rotação da Terra,
em parte, está na origem do vento,
que sentir esse vento é como
pôr a cabeça para fora da Terra.

452 Eu sei que, mesmo no equador,
não se sente a Terra girar, embora
ali nos movamos muito mais
rapidamente que nos polos.

453 Eu sei que as árvores perto daquela
autoestrada estão cheias de
ninhos, enquanto, mais longe,
no campo, estão vazias. Contra todas
as expectativas, a presença dos
carros agradaria aos pássaros?

454 Eu sei que as gaivotas gostam
de batatas fritas. De ketchup
e de maionese também.

455 Eu sei que é estranho que mesmo
comendo coisas tão diferentes
os seres humanos cresçam da
mesma maneira pelo mundo afora.

456 Eu sei que, como acontece entre os seres
humanos, naquele bando de javalizinhos
encontrado na floresta havia um mais
distraído e mais guloso que os outros.

457 Eu sei que, como acontece entre
os humanos, havia naquele bando de
pinguins no zoológico um indivíduo
mais orgulhoso que os outros.

458 Eu sei que aquele ganso avançava
imperceptivelmente em minha direção,
arrancando pedaços de grama aqui
e ali. Prudência, ou amor-próprio?

459 Eu sei que Joe Brainard
escreveu *I remember.**

460 Eu sei que "eu me lembro" e "eu sei"
abrangem campos da memória
muito afastados um do outro.

461 Eu sei que ainda sei um
monte de outras coisas.

462 Eu sei que o que eu sei é como uma
coleção particular: livros, pinturas,
lembranças de viagem...

463 Eu sei que esta coleção é única.

464 Eu sei que, pressionado a confessar
que havia mentido, Marco Polo
respondeu que não tinha contado a
metade do que vira durante suas viagens.

465 Eu sei que isto abre espaço
para perspectivas maravilhosas.

* Eu me lembro.

© Cheyne éditeur, 2006, 2007, 2008

Todos os direitos desta edição reservados à
EDITORA OBJETIVA LTDA., rua Cosme Velho, 103
Rio de Janeiro – RJ – Tel.: (21) 2199-7824 e (21) 2199-7825
www.objetiva.com.br

Título original
Je Sais

Capa
Ney Valle/ Dupla Design

Revisão
Raquel Correa
Héllen Dutra
Ana Grillo

Editoração eletrônica
Filigrana

CIP-BRASIL. CATALOGAÇÃO-NA-FONTE
SINDICATO NACIONAL DOS EDITORES DE LIVROS, RJ
N138e

    Naga, Ito
        Eu sei / Ito Naga ; tradução Véra Lucia dos Reis. - Rio de Janeiro :
    Objetiva, 2010.

        Tradução de: *Je sais*
        94p.
        ISBN 978-85-390-0101-9

        1. Meditações. I. Reis, Véra Lucia dos. II. Título.

10-2981.   CDD: 848
                      CDU: 821.133.1-8

Conheça mais sobre nossos livros e autores no site
www.objetiva.com.br

Disque-Objetiva: 0800 224466 (ligação gratuita)

Impressão e Acabamento: